# Le koala
## Champion d'escalade

Texte de Valérie TRACQUI
photos de l'agence BIOS

## Mini Patte

### MILAN

Collection dirigée par Valérie Tracqui

Trois sous-espèces de koalas vivent à l'est de l'Australie. Ils habitent dans des forêts différentes d'eucalyptus, des plaines aux montagnes.

# Haut perché

Leur pelage est plus ou moins long et épais, selon le climat de leur lieu de vie.

C'est la saison sèche en Australie. Il fait chaud et la forêt est calme. Même les perroquets se taisent. En haut d'un arbre, une petite boule de fourrure grise se met à bouger. C'est un koala, bien calé sur une grosse fourche. Sortant de sa longue sieste, il s'étire pour aérer sa fourrure. Pas trop vite ! Il a le temps. Il mange là où il dort et seulement quand il fait sombre...

# Bien équipé !

Le koala est un parfait acrobate. Normal !
Il passe toute sa vie dans les arbres. Pour grimper sur un tronc lisse, il monte d'abord les pattes avant, puis les pattes arrière. Ho ! hisse !
Ses longues griffes s'enfoncent dans l'écorce et les coussinets de ses pelotes servent d'antidérapants. Pour la descente, prudent, il fait la même chose, en marche arrière.

Le koala n'a pas de queue : il n'a pas besoin de s'équilibrer pour sauter 1 m entre les arbres !

Aux pieds, il a un pouce sans griffe et 4 doigts. Mais le 2ᵉ et le 3ᵉ, soudés ensemble, forment un peigne. Pratique pour se gratter !

Ses mains sont de puissantes pinces, formées de 2 doigts d'un côté et 3 de l'autre.

Son drôle de nez aplati s'appelle un rhinarium. On pense qu'il sert à régler la température de son corps, comme la truffe du chien.

# Miam...

Le koala ne mange presque que des feuilles d'eucalyptus et pas n'importe lequelles ! Il les choisit avec soin.

Le koala tire un rameau vers lui et choisit les feuilles selon leur odeur, leur aspect et leur goût.

Sur les 600 espèces d'eucalyptus, seules 12 sont mangeables. Et selon la saison, chaque koala se nourrit seulement de 3 ou 4 espèces.

Il coupe les feuilles avec ses dents de devant, très pointues. Avec ce régime spécial, il sent fort l'odeur d'eucalyptus (comme les suppositoires contre la toux !).

Les jeunes feuilles sont délicieuses, mais pas faciles à digérer. Alors, le faux petit ours a un très long intestin, qui contient des bactéries spéciales. Chaque nuit, il mange plus de 500 g de feuilles, le poids d'une grosse boîte de conserve. De plus, il se déplace très lentement, ce qui économise son énergie.

Le koala se régale. Il n'a pas besoin de boire, car les feuilles qu'il mange contiennent assez d'eau.

Le domaine des mâles recoupe souvent celui de plusieurs femelles, mais les animaux évitent de se rencontrer.

# Chacun ses arbres

Le koala ne fait pas de nid. Sa fourrure imperméable suffit à le protéger de la pluie.

Chacun connaît ses voisins, grâce aux odeurs déposées par les koalas sur les arbres.

Nuit et jour, le koala reste dans ses arbres préférés, même sous la pluie. Mais attention ! Pas question de laisser monter un intrus sur les quelques eucalyptus de son territoire. Le mâle frotte le bas des troncs avec sa poitrine, pour y laisser son odeur. Ici, c'est chez lui ! En cas de rencontre, le combat serait féroce. Mais c'est rare, car les voisins sont prévenus...

Soudain plus actifs, de septembre à janvier, les mâles marquent les arbres et crient en se déplaçant. Ils ont 8 cris différents.

Si un concurrent s'approche, le prétendant pousse un cri agressif pour éviter la bagarre. Chacun ses conquêtes...

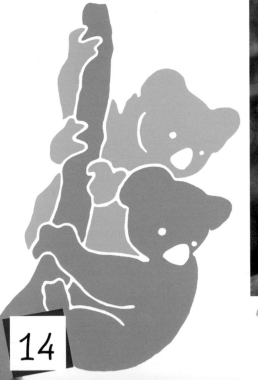

Si elle est en chaleur, la femelle répond doucement par un cri sexuel. Sinon, gare aux morsures !

# Brefs amours

À la fin du printemps en Australie, la saison des amours commence. Le mâle koala, d'habitude solitaire, patrouille sur son domaine à la recherche de femelles en chaleur. En apercevant un autre mâle au loin, il se met à gronder. Qui va là ? Rroor ! Il ronfle, comme un cochon, pour attirer les dames. Charmée, l'une d'elles sautille sur place. C'est gagné, ils vont vite s'accoupler.

*La rencontre a lieu en position verticale. Après un bref accouplement, le mâle s'en va.*

# Danger !

Un jour, du haut de son arbre, un koala sent de la fumée. Déjà les flammes se rapprochent. Il ne sait pas ce qui se passe et reste immobile, essayant de se cacher dans le feuillage. Enfin la peur le saisit. Vite ! Il descend au sol et se met à courir. Les chiens sauvages fuient aussi le feu, heureusement. Ils laissent le koala traverser la rivière et atteindre une autre forêt. Ouf, il a eu chaud !

Le koala court par petits bonds. Il n'hésite pas à se jeter à l'eau et à nager pour échapper au danger.

16

Les feux se déclenchent parfois tout seuls, pendant les grandes chaleurs. Ou bien, ce sont les hommes qui les allument, pour défricher de nouvelles terres à cultiver.

Enfin un arbre. Zut! Il est déjà occupé. Où aller?

Les dingos, ou chiens sauvages, sont les seuls prédateurs du koala. Son goût est si fort!

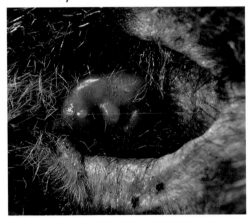

L'embryon se hisse dans la poche à l'odeur...

Il grandira, accroché 5 mois à son « biberon ».

Quand le bébé est prêt, il naît une 2e fois.

Au début, le petit sort un peu sur le ventre de sa maman, puis retourne dans la poche pour téter.

# Naissances

Moins de 1 mois après son mariage, la femelle lèche son ventre. Son tout petit bébé vient de naître une première fois. Mais il est tout nu, rose et pas plus gros qu'un haricot. Il doit grandir encore, comme le bébé humain dans le ventre de sa mère. Alors, il grimpe, les yeux fermés, jusque dans la poche du koala. Là, il saisit très fort une des 2 tétines et ne la quitte plus. Il est à l'abri pour se développer.

# Doux câlins

À 6 mois, le bébé koala est couvert de poils, mais il n'est pas bien gros. Seules ses pattes sont assez puissantes pour s'agripper aux poils de sa mère. Au début, il sort à peine de la poche pour se nourrir. Car comme elle s'ouvre vers le bas, il prend directement une bouillie de feuilles prédigérées, à l'extrémité de l'intestin de sa maman. Mais à 8 mois, il est trop gros et quitte la poche.

À sa 2ᵉ naissance, le bébé mesure 15 cm et pèse moins de 500 g. Il est encore très fragile.

Cette maman a eu un bébé tout blanc. On dit qu'il est « albinos ».

Il ne peut plus rentrer dans la poche, alors, elle lui fait des câlins tout doux.

Le petit s'habitue progressivement aux feuilles d'eucalyptus que mange sa mère. Plus tard, il mangera les mêmes espèces.

Le jeune est comme un koala adulte en miniature. Tout pareil !
Il doit bien s'accrocher pour ne pas tomber et se muscle les cuisses.

🌸 *Les contacts avec la maman sont nombreux.*
*Cela développe l'odorat du bébé et son toucher.*

# Comme un grand

Chaque nuit, maman koala transporte son jeune sur son dos. Selon les feuilles disponibles, elle passe d'un arbre à l'autre. Il est lourd ! Le voilà qui s'aventure à goûter quelques feuilles tout seul, pas trop loin quand même. Il doit apprendre à reconnaître celles qu'il peut digérer. Petit à petit, il devient un bon acrobate. Mais, comme sa mère, il fait tout lentement...

🌸 *Plus les koalas mangent de feuilles sur un arbre*
*et plus les jeunes feuilles bien tendres repoussent.*

# Chacun sa vie

À 1 an, la jeune femelle se débrouille toute seule. Elle s'éloigne de sa mère et choisit ses propres arbres. À la prochaine saison des amours, les cris d'appel des adultes résonneront à nouveau dans la forêt. Si le jeune koala est un mâle, il sera alors chassé par l'amoureux de sa mère et devra trouver un nouveau domaine, parfois très loin...

Finis, les transports faciles ! Le jeune koala va parcourir parfois des kilomètres pour trouver une forêt d'eucalyptus à son goût...

# SAUVER LES KOALAS

Les koalas ont du mal à survivre. Ils sont victimes de maladies, souffrent des feux, sont écrasés sur les routes ou attaqués par les chiens. De plus, les forêts d'eucalyptus se font plus rares. Des hommes viennent à leur secours, mais ce n'est pas facile...

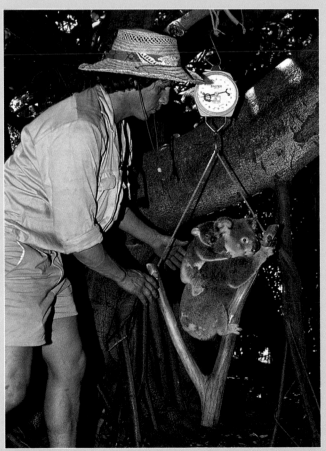

On pèse le koala et son petit sur leur fourche. C'est plus facile !

## Chassé pour sa fourrure

Les Aborigènes d'Australie ont toujours chassé les koalas avec leurs arcs et leurs lances, mais ils le respectaient et n'en tuaient pas beaucoup. Il y a 150 ans, les koalas étaient encore des millions. Mais les Australiens se mirent à les tuer pour leur fourrure. Un vrai massacre pour ces animaux lents : jusqu'à 30 000 peaux étaient vendues par an. Enfin, les koalas furent protégés en 1927.

Les Australiens étudient la vie des koalas pour sauver l'espèce.

## Hôpital pour koalas

Malgré les panneaux routiers qui invitent les automobilistes à ralentir, de nombreux koalas sont écrasés sur les routes. Les animaux blessés ou les jeunes orphelins sont recueillis dans un hôpital spécial. Ils ont besoin de nourriture et surtout de beaucoup d'affection. Ensuite, ils sont relâchés dans un parc ou une réserve. Car dans la nature, comment savoir quelles sont les seules espèces d'eucalyptus qui leur conviennent ?

## Malades des hommes

Les koalas sont des animaux très sensibles, qui supportent mal l'arrivée des hommes dans les forêts, avec leurs routes, leurs touristes, leurs constructions. Stressés, ils sont atteints d'une maladie qui touche leurs yeux et les rend stériles. Presque tous les koalas dans la nature ont cette maladie. La seule solution consiste à les élever dans des parcs.

Trop nombreux dans les parcs, ils abîment les arbres.

27

Les ringtails

# LES COUSINS À POCHE

Le koala fait partie du groupe des marsupiaux, qui vivent en Océanie et en Amérique. Tous ne possèdent pas de poche. Certains habitent dans les arbres, d'autres à terre ou même dans l'eau. Ils ont des régimes différents. En voici quelques-uns qui vivent, comme le koala en Australie, dans les arbres, la nuit.

Les **ringtails** ressemblent aux couscous, avec leur démarche lente et leur queue préhensile. Mais ils sont plus petits et ont une fourrure plus dense et soyeuse. Ils sont insectivores.

Les **dendrolagues** sont des kangourous arboricoles, qui vivent dans les forêts tropicales humides. Contrairement à ceux qui vivent au sol, leurs pattes avant et arrière ont presque la même taille. Ils sautent d'un arbre à l'autre, à plus de 10 m. Il existe 9 espèces de dendrolagues, dont 2 en Australie.

Les dendrolagues

28

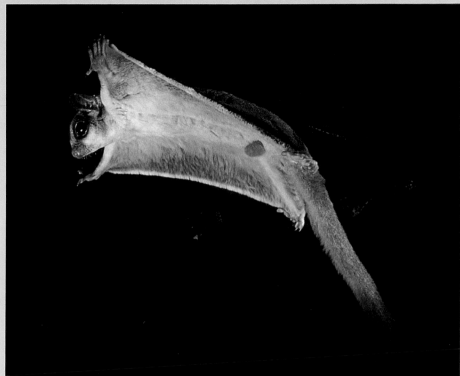

Les *phalangers volants*

Les **phalangers volants** ont un repli de peau qui rejoint leurs poignets et leurs mollets, ce qui leur permet de faire de longs vols planés (de 100 m), d'un arbre à l'autre. Ils mangent de tout (sève, fleurs, nectar, insectes).

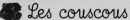 Les *couscous*

Les **couscous** et les phalangers sont, comme le koala, nocturnes, solitaires et lents. Mais ils mangent des fruits et des insectes en plus des feuilles. Leur queue est préhensile, c'est-à-dire qu'elle peut s'enrouler autour des branches. Il en existe 18 espèces.

29

## Quelques questions sur la vie du koala,
## dont tu trouveras les réponses dans ton livre.

Avec nos remerciements à François MOUTOU
de l'école vétérinaire de Maisons-Alfort pour sa relecture scientifique.

## Crédit photographique :

Agence **BIOS** : R. SEITRE : couverture, p. 9 (hg), p. 12, p. 16 (b), p. 18 (m) ; J.-L KLEIN et M.-L HUBERT : 4ᵉ de couverture, p. 4, p. 8, p. 9 (hd), p. 10 (h), (b), p. 11 (b), p. 14 (hd), p. 17 (bd), p. 22, p. 23 (h), (b), p. 24-25, p. 26-27, p. 26, p. 28 (b) ; F. BRUEMMER : p. 7 ; M. HARVEY : p. 9 (b) ; A. MAFART-RENODIER : p. 11 (h) ; C. RUOSO : p. 13 (h), p. 16-17 ; p. 17 (bg) ; M. et C. DENIS-HUOT : p. 13 (b) ; J.-J. ALCALAY : p. 14 (hg), p. 15 ; B. MARCON : p. 14 (b) ; DANI/JESKE : p. 18 (h) ; J. CANCALOSI : p. 20 ; R. CAVIGNAUX : p. 21 (b) ; A. COMPOST : p. 29 (h). Agence **PHO.N.E** : J.-P. FERRERO : p. 6-7, p. 18 (b), p. 18-19, p. 27 (b), p. 29 (b) ; F. GOHIER : p. 21 (hg), (hd) ; H. et J. BESTE/AUSCAPE : p. 28 (h).